Selbstanklage Suizid auf Raten.   Andreas Hübner

Andreas Hübner

Selbstanklage
Suizid auf Raten.

Die Bibelstellen sind in der Regel der Schlachter- oder Luther-Übersetzung entnommen.

Selbstanklage *Suizid auf Raten.*

Andreas Hübner
Postfach 11 62
D-27341 Rotenburg

SELBSTANKLAGE
SUIZID AUF RATEN.

"Dein Umfeld reflektiert Deine Erwartungen."

Andreas Hübner

Selbstanklage Suizid auf Raten.   Andreas Hübner

"KLAFFENDE WUNDEN ..."

Dich für Deine vergangenen Fehler selbst anzuklagen, ist beinahe so, als würdest Du eine Wunde mit einem Messer nähen wollen.

Wenn Du in die Notaufnahme eines Krankenhauses mit einer klaffenden Wunde kommst und der Arzt würde sagen: „Ja, wir nähen die Wunde!" – und er holt ein Messer heraus und stochert stattdessen nun beherzt in dieser klaffenden Wunde herum, dann würdest Du ihn vermutlich wegen Körperverletzung verklagen, Du würdest Schmerzensgeld verlangen – und der Arzt würde seine Approbation verlieren!

Aber viele der Leser dieses Buches klagen sich selbst an.

Sie klagen sich an, stochern in den klaffenden Wunden der Vergangenheit herum und erwarten gleichzeitig die Heilung eben dieser Wunden. Das ist paradox, oder?

Selbstanklage Suizid auf Raten.   Andreas Hübner

❧ 1 ❧

"SELBSTVERSTÜMMELUNG DURCH SELBSTANKLAGE"

Du erwartest Heilung von den Fehlern der Vergangenheit, Du erwartest die Heilung der Wunden, die Du Dir selbst durch Deine Fehler und falschen Entscheidungen gerissen hast.

Was aber tust Du?

Du klagst Dich immer wieder an!

Und diese Selbstanklage ist so, als würdest Du ein Messer nehmen und in diesen Wunden beherzt herumstochern. Erwartest Du ernsthaft, dass solche Wunden nun heilen könnten?

Selbstanklage!

Selbstanklage blockiert den finanziellen Fluss in Deinem Leben.

Selbstanklage ruiniert Dich – von innen heraus!

Selbstanklage frisst Dich von innen heraus auf!

Selbstanklage bringt Dich dazu, Dich immer mehr zu hassen!

Selbstanklage raubt Dir die Fähigkeit,

Korrektur anzunehmen!

Selbstanklage ist eine Art Suizid auf Raten!

Ich glaube an das Gesetz von Saat und Ernte!

Einige der wunderbarsten, liebevollsten Menschen, deren göttliche Ernten des Segens, der Gesundheit und des Überflusses schon längst fällig sind, empfangen diese Ernten nur aus einem einzigen Grund nicht:

Weil sie sich ständig selbst anklagen!

Wenn Du Dich für Deine vergangenen Fehler selbst anklagst, dann bringst Du damit fortwährend zum Ausdruck: „Ich verdiene es nicht, gesegnet zu sein!"

"SIGNALE AN DAS UNIVERSUM"

Jemand, der sich anklagt, erwartet geradezu Strafe und disqualifiziert sich für jegliche Form der Belohnung. Er signalisiert der sichtbaren und unsichtbaren Welt, bestraft werden zu wollen.

Das gesamte Universum reagiert auf diese Signale. Gewissermaßen gibt einer solchen Person die Strafe eine Art von „inneren Frieden", denn zumindest „zahlt" diese ja nun für die Fehler und das Versagen der Vergangenheit. Dieser „innere Friede" aber ist ein fauler Friede.

– Dieser Kreislauf nimmt kein Ende und wird zu einer ewigen Spirale, die immer weiter abwärts führt! Viele psychische Störungen sind darauf zurückzuführen, dass die betroffenen Personen aus diesem Keller der Selbstanklage keinen Ausweg mehr finden.

Gott aber möchte Dich belohnen! Das ganze Universum – die Schöpfung Gottes – sehnt sich danach, Dich zu belohnen.

Deine Selbstanklage blockiert den Segen Gottes!

Armut ist oftmals eine Frucht der Selbstanklage!

Selbstanklage blockiert den freien Fluss des Geldes in Deinem Leben.

Selbstanklage blockiert Liebe.

Wo die Liebe blockiert ist, da hat die Furcht noch nicht die Herrschaftsposition im Leben verloren.

Deine Selbstanklage blockiert selbst das Wirken der Liebe Gottes in Deinem Herzen!

Die größte Sünde ist die, Dich selbst anzuklagen und die Vergebung nicht anzunehmen, die Gott Dir bereits geschenkt hat.

Solange Du Dich selbst anklagst und die Liebe Gottes blockierst, wird die Furcht in Deinem Leben herrschen. Du wirst ständig Angst haben: Angst vor schlechten Nachrichten, Angst vor anderen Menschen.

Selbstanklage ist der Nährboden für Furcht!

Ich bin einmal durch eine Lebensphase gegangen – vor vielen, vielen Jahren – in der ich jeden Tag Angst davor hatte, meinen Briefkasten zu öffnen. Warum? Ich hatte ständig Angst davor, schlechte Nachrichten in meinem Briefkasten vorzufinden.

Für mich war das Öffnen des Briefkastens ein Horrorszenario. Ich befürchtete ständig, jemand könnte etwas gegen mich haben, es könnten schlechte Nachrichten in meinem Briefkasten sein.

Dies ist Jahrzehnte her, aber ich kann mich noch gut an das Gefühl erinnern. – Doch warum war das so? Weil die Liebe Gottes in meinem Leben durch Selbstanklage blockiert war!

Furcht ist anstrengend.

Furcht ist kraftraubend.

Furcht macht krank.

Und der Nährboden für Furcht ist die Selbstanklage!

Wer in ständiger Furcht lebt, lebt ein anstrengendes und ineffizientes Leben.

Selbstanklage Suizid auf Raten.   Andreas Hübner

16

≪ 3 ≫

"BIST DU ZU DEINEM EIGENEN HENKER GEWORDEN?"

Wer sich ständig Gedanken darüber macht, etwas falsch gemacht zu haben, eventuell dafür bestraft zu werden, von Gott, von Menschen... der bestraft sich bereits selbst. Sein Urteil über sich ist die Todesstrafe. Denn die Furcht bringt ihn um.

Das ständige Herumstochern in den Wunden der Vergangenheit hat bereits eine Blutvergiftung ausgelöst. Die Lebensenergie einer solchen Person schwindet.

Selbst wenn eine solche Person von anderen Menschen für ihr Fehlverhalten bestraft werden würde, wäre diese bereits doppelt bestraft. Die größere Strafe aber ist die, die sich dieser arme Mensch durch die Furcht, durch die Lebenssituation der Furcht, die so viel Energie aus dem Leben nimmt, selbst zufügt.

Furcht ist Energieverschwendung, Furcht ist Kraftverschwendung.

Was ist die Wurzel dieser Furcht? Selbstanklage.

Selbstanklage Suizid auf Raten.

Andreas Hübner

"GEFANGEN IN DER HÖLLE DES RELIGIÖSEN WAHNS?"

Es gibt selbst ein religiöses Umfeld, in dem fortwährend Selbstanklage gepredigt wird.

Dort heißt es:

„Bitte Gott täglich um Vergebung Deiner Sünden, auch der Sünden, von denen Du nichts weißt. Vielleicht hast Du ja unwissentlich gesündigt. Und wenn Du es vergisst, für diese Sünde um Vergebung zu bitten, kommst Du in die Hölle!"

Welch ein Unsinn!

Was, wenn Du zwischen dem Zeitpunkt der „unwissentlichen" Sünde und dem Bekenntnis der Sünde stirbst? Meinst Du, Du kommst dann direkt in die Hölle?

– Vielmehr lebst Du bereits jetzt in der Hölle – in der Hölle der Furcht, des Selbstvorwurfs und des religiösen Wahns – solange Du in einem solchen Glaubensverständnis durchs Leben gehst!

Menschen, die unter Selbstanklage leiden, fürchten sich oftmals vor Korrektur und können sich niemals einer geistlichen Autorität unterordnen.

Warum? Korrektur offenbart Fehler. Und die Einsicht von Fehlern löst sofort einen furchtbaren gedanklichen Sturm der Selbstanklage aus.

Selbstanklage lähmt Dein Herz und Deinen Intellekt!

Selbstanklage lässt Dich Gottes Liebe anzweifeln.

Wenn Du etwas bezweifeln willst, dann bezweifle doch ganz einfach, dass Gott Dir ständig etwas vorhalten wollte.

❧ 5 ☙

"ES GIBT SCHLIMMERE MENSCHEN ALS DICH!"

Gott will Dir nichts vorhalten! Die Bibel sagt: Der Teufel ist der Ankläger, der „Verkläger der Brüder". Der Teufel, nicht Jesus, wird ganz klar als der Ankläger offenbart. Und der Teufel klagt Dich durch Deine Gedanken, Deine Selbstvorwürfe, an. Wenn Du ihn lässt!

Jesus hat Dich gerecht gemacht. Und Jesus hat Dich freigekauft von dem Fluch der Selbstanklage. Selbstanklage blockiert die Liebe Gottes, die Vergebung zu einer erfahrbaren Wirklichkeit in Deinem Leben werden lässt.

Es gibt Menschen, die „weniger gute Menschen" sind als Du. Mit anderen Worten, sie haben viel mehr „versagt" im Leben, sie haben selbst dem Wort Gottes gegenüber – den Anweisungen Gottes gegenüber – viel mehr versagt. Und dennoch scheint es, als seien sie viel gesegneter als Du und der Segen Gottes manifestiert sich sichtbar um sie herum, während Du immer noch darauf wartest.

Wie kommt das?

Ganz einfach:

Sie blockieren die Liebe Gottes nicht.

21

Sie klagen sich nicht ständig selbst an.

Wenn der Heilige Geist Dich überführt von einer Sünde, sei schnell darin, Deine Sünde zu bekennen: „Er ist treu und gerecht und vergibt Dir Deine Schuld und reinigt dich von aller Ungerechtigkeit" (siehe 1.Johannes 1,9).

Klag Dich nicht länger selbst an!

Selbstanklage blockiert die Liebe, Selbstanklage blockiert Erfolg. Jemand, der sich fortwährend für einen Fehler anklagt, womöglich sogar ein Leben lang, blockiert den Erfolg in seinem Leben.

Selbstanklage führt zu einem Leben der Stagnation und Unzufriedenheit.

Jemand, der sich selbst anklagt, bringt sich selbst und der ganzen Welt gegenüber fortwährend zum Ausdruck: „Ich darf gar keinen Erfolg haben, denn das wäre ja eine Belohnung ... aber ich erwarte doch Strafe." Jemand, der tief in seinem Herzen Strafe erwartet, wird Strafe in sein Leben ziehen und tausend Belohnungen, tausend Segnungen, ziehen an ihm vorüber.

Selbstanklage blockiert Erfolg. Du willst eine erfolgreiche Person sein? Manche sagen, Erfolg sei ihnen nicht wichtig. Aber warum lebst Du? Gott möchte, dass Dein Leben ein Leben des Erfolgs ist!

"DEIN LEBEN: EINE ERFOLGS-STORY GOTTES!"

Entscheide Dich, eine erfolgreiche Person für Christus zu sein! Gott möchte, dass der Leib Christi erfolgreich ist. Du bist ein Glied dieses Leibes!

Gott hat überhaupt nichts dagegen, wenn wir erfolgreich sind! – Ganz im Gegenteil!

Die ganze Bibel ist eine einzige Erfolgs-Story. Das Alte Testament, mit all den Verheißungen Gottes, die sich erfüllt haben im Neuen Testament, ist eine Erfolgs-Story, die Wirklichkeit geworden ist. – Dein und mein Leben ist dazu gedacht, ebenfalls eine Erfolgs-Story Gottes zu sein!

Die Bibel ist voll von Erfolgs-Storys: David und Goliath ... Mose und das Volk Israel ... Jesus Christus und Sein vollbrachtes Werk der Erlösung!

Was hat Gott davon, wenn Du auf dem Boden liegst und Dich selbst anklagst?

Eine Person, die sich ständig selbst anklagt, ist keine Gefahr für die Mächte der Finsternis.

Wenn es nur noch Christen gäbe, die sich

ständig selbst anklagen, dann wäre der Teufel arbeitslos, denn er ist ja der „Verkläger der Brüder" und diejenigen, die eigentlich als Gottes Licht der Gerechtigkeit scheinen sollen, nehmen ihm den Job weg und schicken sich einfach selbst in die Hölle!

Der Teufel müsste niemanden schicken, um Dich zu erniedrigen, zu benachteiligen, zu mobben und wenn Du auf dem Boden liegst, noch auf Dir herum zu trampeln.

– Du tust das ja alles schon selbst.

Der Teufel müsste niemanden mehr mit verletzlichen, bösen Worten zu Dir schicken.

– Du verletzt Dich ja schon selbst.

Du stocherst ja mit dem Messer in Deinen eigenen Wunden herum und nennst das Heilung. Und womöglich kleidest Du diesen Suizid auf Raten noch mit dem Mantel der Religion.

⪜ 7 ⪛

"SEELSORGE ODER SEELENFOLTER?"

Vieles von dem, was Seelsorge genannt wird, betrachte ich mit großer Sorge.

Wenn „Seelsorge" darauf abzielt, Dich ständig mit Fehlern zu konfrontieren, die Jesus Dir bereits vergeben hat, dann ist dies keine Seelsorge, sondern Seelenqual: Seelenfolter!

Menschen, die unter Selbstanklage leiden, sehen alle Menschen um sich herum als feindlich an. Sie meinen, jeder würde ihnen etwas böses wollen. Sie leben in der Überzeugung, jeder will ihnen nur schaden.

Wenn der Heilige Geist in Dir wohnt, dann beginne die Welt um Dich herum als Dein Unterstützungssystem zu sehen und dies als Deine Wahrheit anzunehmen.

Beginne damit, über Dein Leben zu bekennen: „Die ganze Welt um mich herum ist nur dazu da, mir zu helfen!" – Ich garantiere Dir, Deine Lebenserfahrung wird sich verändern!

Du sagst: „Die Welt ist uns gegenüber doch bösartig gesonnen!" – Ja, es gibt Verfolgung! Aber es heisst auch im Wort Gottes, dass wir Gunst bei Gott und bei den Menschen haben.

Über die erste Gemeinde, die im Wort

Gottes erwähnt wird, wird berichtet, dass diese Gunst hatte und täglich Menschen hinzukamen.

Diese Menschen kamen nicht hinzu, weil die Christen mit traurigen Gesichtern durch die Gegend liefen und der ganzen Welt sagten: „Ihr seid alle unsere Feinde!"

Verfolgung ist eine Realität.

Aber Gott hat uns nicht geboten, unter einem Verfolgungswahn zu leiden und alle Menschen um uns herum als Feinde zu sehen.

Du bist ein Licht Gottes. Du bist dazu berufen, die Welt zu erleuchten. Sei ein Botschafter göttlicher Liebe.

❧ **8** ❧

"DEIN UMFELD REFLEKTIERT DEINE ERWARTUNGEN"

So, wie Du die Menschen siehst, so verhalten sie sich oftmals auch Dir gegenüber.

Dies ist ein Grundprinzip des Glaubens!

Dein Umfeld reagiert auf Deine Erwartungshaltung diesem gegenüber!

Es gibt so viele Menschen, die nur darauf warten, Dir zu helfen!

Es gibt unendlich viele Menschen in der Welt, die Gott gebrauchen will, um Dich zu segnen!

Und selbst diese Menschen in der Welt – ich erlebe dies in meinem eigenen Leben – sie werden mehr und mehr gesegnet dadurch, dass sie Dir helfen.

Ihr Wohlwollen Dir gegenüber ist eine Saat, die sie unbewusst säen, die aber dazu führt, dass sie letztlich hineingezogen werden in das Reich Gottes, in das Bewusstsein Gottes. Deine Gegenwart ist ihr Kontaktpunkt zu einem Leben der Gunst.

Menschen, die an Selbstanklage leiden, lieben die Trauer. Sie gehen ständig umher und jammern: „Ich habe es verdient, zu leiden."

Je mehr sie so herumgehen und jammern: „Ich habe es verdient, zu leiden!" – Je mehr Leid wird ihnen tatsächlich auch zugefügt werden.

Menschen, die an Selbstanklage leiden, fühlen sich sehr wohl in einem religiösen Umfeld, in dem Traditionen gepflegt, wahrer Glaube aber verpönt ist. – Ein Umfeld, in dem sie sich einen Sonntagmorgen lang betäuben, durch die Gemeinschaft, den Gesang, letztlich aber keine Veränderung in ihrem Leben erfahren.

Dort erfahren sie gefährliche Bestätigung für ihre Lebensphilosophie der Selbstanklage.

Sobald Sie aufstehen und sagen: „Ich weiß jetzt, wer ich bin!", steht jemand in ihrer Gemeinde auf und wirft ihnen vor: „Du bist hochmütig!"

Kommt Dir das bekannt vor?

9

"SELBSTANKLAGE: DIE CHECKLISTE."

Menschen, die unter Selbstanklage stehen:

1. **Sie werden oft missverstanden und für arrogant gehalten – oder gar für dumm.**

2. **Es ist schwierig für solche Menschen, Beziehungen mit anderen Menschen zu pflegen.** Es ist sehr schwierig, mit jemandem zurechtzukommen, der unter Selbstanklage leidet.

3. **Menschen, die unter Selbstanklage stehen, verstecken sich oft hinter einer Maske, einer Position, einem Amt.**

Wir sehen im Leib Christi Bischöfe ohne Herde, Apostel ohne Gaben, Pastoren ohne Liebe, Evangelisten ohne Botschaft.

Wir sehen viele Clowns, die sich als Diener Gottes aufspielen. Ein Clown gehört in den Zirkus, nicht hinter das Rednerpult einer Gemeinde.

Es gibt Menschen, die unter furchtbarer Selbstanklage stehen. Weil sie meinen, der Weg der Selbstanklage sei der einzig richtige Weg, predigen sie allen anderen Menschen, auch sie müssten sich selbst anklagen. – Das ist so fern vom Willen Gottes. Und es stimmt den Geist Gottes traurig, denn es führt diese Menschen hinweg von dem, was Gott für sie getan hat.

4. **Menschen, die unter Selbstanklage stehen, können ihre Sexualität nicht genießen.** Der Genuss der Sexualität ist ihnen nicht möglich.

Und wenn ich von Sexualität spreche, dann selbstverständlich innerhalb der Ehe. Diese Menschen können Therapien besuchen, diese aber helfen ihnen nicht, weil die Selbstanklage ihnen jeglichen Genuss, inklusive dem sexuellen Genuss, vermiest. Interessanterweise neigen solche Menschen zu sexuellen Verfehlungen außerhalb ihrer Ehe und verirren sich oft in ein pornographisches Suchtverhalten, welches sie dann noch tiefer in den Strudel der Selbstanklage hineinzieht.

5. **Wenn Menschen, die unter dem Fluch der Selbstanklage stehen, etwas Gutes in ihrem Leben widerfährt, entstehen unerklärlicher Weise Schuldgefühle.**

Diese Schuldgefühle ziehen Strafe, Unheil und Unglück in ihr Leben.

6. **Menschen, die unter Selbstanklage leiden, haben enorme Schwierigkeiten, klare Entscheidungen zu treffen.**

7. **Menschen, die unter Selbstanklage leiden, fühlen sich ständig minderwertig**

und werden deshalb oft von anderen ausgenutzt.

8. **Menschen, die unter Selbstanklage stehen, können mit Liebe nicht umgehen und lehnen Menschen ab, die ihnen gegenüber Liebe erweisen.**

Solche Menschen können es nicht ertragen, berührt zu werden.

Und selbst in der Ehe solcher Menschen gibt es Probleme: Jemand, der unter Selbstanklage leidet, ekelt sich geradezu davor, vom Ehepartner berührt zu werden. Nicht, weil eine solche Person den Ehepartner nicht lieben würde, sondern vielmehr deshalb, weil diese sich selbst ablehnt.

Die Bibel sagt: *„Liebe deinen Nächsten, wie dich selbst!"*

Wenn Du Dich selbst nicht liebst, dann kannst Du Deinen Nächsten nicht lieben und deshalb auch keine Liebe von Deinem Nächsten empfangen.

9. **Menschen, die unter Selbstanklage stehen, sehen immer nur zu, wie andere gesegnet werden. – Sie selbst aber gehen scheinbar stets leer aus.**

10. **Menschen, die unter Selbstanklage leiden, werden oft übersehen.**

Ihre Fähigkeiten werden übersehen. Es gibt Menschen, die mit enormen Fähigkeiten gesegnet sind, ihre Selbstanklage aber verhindert, dass andere die Qualitäten erkennen, die Gott in sie hineingelegt hat.

11. **Menschen, die an Selbstanklage leiden, haben oftmals einen überzogenen Hygienedrang (oder eben genau das Gegenteil).**

Diese Menschen haben einen beständigen Waschdrang: Die Hände können gar nicht sauber genug sein, Desinfektion reicht nicht, sie möchten sich am liebsten die Hände so waschen, dass die Haut von den Händen fällt. Warum? Weil sie tief in ihrem Herzen meinen, es würde Sünde an ihnen kleben. Aber diese Sünde kann man nicht mit Wasser und Seife abwaschen.

Dieses Gefühl der Sünde kann nur weichen, wenn diese Menschen sich endlich selbst vergeben. – Oder aber solche Menschen leiden unter dem „Messie-Syndrom" und sagen sich: „Ich bin so dreckig, da kann ein bisschen mehr Dreck auch nicht schaden!" Die Unordnung, die sie um sich erzeugen, ist ein Spiegelbild der Unordnung ihres Herzens.

12. **Menschen, die an Selbstanklage leiden, lehnen das Wohlstands-Evangelium ab:**

„Wohlstand? Nein, wir müssen doch alle leiden! Es gibt so viele leidende Menschen, da können wir doch keine Ausnahme sein!"

– Bei Gott aber gibt es kein Ansehen der

Person! Er will jeden segnen!

Durch Sein vollbrachtes Erlösungswerk hat Jesus Christus Dich zur Ausnahme gemacht und Dich zum Wohlstand berufen.

13. **Menschen, die an Selbstanklage leiden, versuchen oft, „geizige Geschäfte" mit Gott zu machen:**

„Gott, wenn du mir nur 'dies' gibst, wenn du mir nur meine Heilung gibst, dann will ich nichts anderes haben. Gott, wenn du nur meinen Ehemann heilst, dann will ich gar keinen Wohlstand mehr haben. Gott, wenn du nur mein Kind heilst, dann bitte ich dich um nichts anderes mehr!"

– Gott aber ist kein geiziger Gott! Du darfst alles haben!

Du darfst jeden Segen haben, den Du im Glauben annehmen kannst! Ich denke manchmal, Gott ist geradezu beleidigt, wenn Seine Kinder „geizige Geschäfte" mit Ihm machen wollen. Schließlich hat Er einen unaussprechlich hohen Preis bezahlt, damit wir den Segen Gottes in vollen Zügen genießen können!

14. **Menschen, die unter Selbstanklage leiden, haben ein großes Problem damit, Korrektur zu empfangen.**

Selbst die einfühlsamste Korrektur wird von ihnen als Vorwurf aufgefasst. Dieses Verhalten führt nicht selten zur

Vereinsamung.

Ich weiß, es kann schmerzhaft sein, sich zu reflektieren.

Wenn Du Dich aber auf diese Reflexion einlässt, dann werden die guten Samen, die Du säst, in wunderbarer Weise aufgehen und fruchten!

Wenn Du Dich in diesen 14 Punkten erkennst – wenn Du Dich in *mehr als einem* dieser 14 Punkte erkennst – dann ist die Wahrscheinlichkeit sehr hoch, dass Du die Befreiung von dem Fluch Deiner Selbstanklage bewusst im Glauben annehmen musst!

❧ **10** ❧

"VERLASS DIE FOLTERKAMMER!"

Lass mich Dir 7 Punkte geben, die Dir dabei helfen werden, den Kerker, die Folterkammer der Selbstanklage, zu verlassen.

Sprich laut aus:

„Ich empfange meine Befreiung von der Selbstanklage! Ich bin die Gerechtigkeit Gottes in Christus Jesus!"

1. Der Heilige Geist überführt Dich niemals von einer Sünde, um Dich zu quälen. Er überführt Dich von der Sünde, damit Du Heilung, Befreiung und Vergebung annehmen kannst. Er überführt Dich, damit Du Freiheit erlangen kannst. Der einzige Grund, warum der Heilige Geist Dich von einer Sünde überführt, ist der, Dich zur Erkenntnis zu führen, dass Du ohne Vergebung nicht weiterleben kannst!

2. Du bist mehr als gut genug! Du bist nicht gut genug. Das ist richtig. Du bist nicht gut genug, denn Du bist mehr als gut genug. In Christus bist Du mehr als ein Überwinder.

Du bist die Gerechtigkeit Gottes in Christus Jesus. Wenn der Teufel Dir das nächste Mal den Gedanken zu injizieren versucht, Du seist nicht gut genug für den Segen Gottes, dann bekenne: „Ich bin nicht gut genug, ja das stimmt, denn ich bin mehr als gut genug in Christus Jesus!"

3. Selbstanklage ist der einzige Fluch, der nur von innen heraus, nur durch eine Entscheidung Deinerseits, durchbrochen werden kann.

Diesen Fluch der Selbstanklage kannst nur Du allein brechen, indem Du für Dich annimmst:

Die Selbstanklage hat

    a) keinen Sinn,
    b) ist Sünde,
    c) blockiert den Segen.

Die Selbstanklage kann nicht von Gott sein! Deshalb: Leg sie in dem Namen Jesus Christus ein für alle Mal ab!

4. Leg die falsche Demut ab!

Manche Menschen sind geradezu besessen, ich gebrauche dieses Wort ganz bewusst, „besessen" von Selbstvorwürfen und nennen dies dann Demut. Solange Du Deinen Blick auf die Sünde gerichtet hältst, solange wird die Sünde nur immer größer in Deinem Leben.

Versuche nicht auch noch, diese Selbstvorwürfe in Dein Glaubenssystem zu pressen!

Jesus Christus ist gekommen, um Dich zu befreien! Er ist gekommen, um die Werke des Teufels zu vernichten. Er ist gekommen, um Dir Befreiung zu schenken – um den Gefangenen die

Befreiung auszurufen. – Er ist gekommen, um Deine Wunden zu heilen. Er ist nicht gekommen, um Dir ein Messer zu liefern, mit dem Du dann in Deinen Wunden herumstocherst.

5. Wirf den Ballast über Bord!

Wenn Du Befreiung von der Selbstanklage erfährst, dann fühlt sich das an, als würde ein tonnenschweres Gewicht von Deinen Schultern genommen!

6. Die Stimme der Verdammnis ist in Deinem Leben verstummt!

Die Bibel sagt: „So ist nun nichts Verdammliches an denen, die in Christo Jesu sind, die nicht nach dem Fleisch wandeln, sondern nach dem Geist." (Römer 8,1)

Es gibt keine Verdammnis mehr für Dich. In dem Moment, an dem Du Dich für Jesus Christus entschieden hast, an dem Du Dich für dieses neue Leben entschieden hast – in dem Augenblick, wo Du Dich der Führung des Heiligen Geistes unterworfen hast – in dem Augenblick ist die Stimme der Verdammnis in Deinem Leben verstummt. Für Dich gibt es keine Verdammnis mehr!

Sprich mir nach: „Es gibt für mich keine Verdammnis mehr, denn ich bin in Christus Jesus!"

Es ist nicht diese „versehentliche Sünde", die Dich in die Hölle bringen kann. Jemand sagt: „Ich habe so eine Angst, gegen den Heiligen Geist gesündigt zu haben." Weißt Du, wann Du gegen den Heiligen Geist sündigst? – In dem Augenblick, wo Du Seine Gnade, Seine Vergebung, nicht mehr annimmst! Denn dieses Ablehnen der Vergebung bringt Dich wieder unter den Fluch des Gesetzes. Deshalb: Sieh es als Deine Verpflichtung Gott gegenüber an, Vergebung anzunehmen! Vergib Dir selbst! Sprich mir nach: „Ich vergebe mir für die Fehler meiner Vergangenheit."

Gott wird Dir keine Sünde vorhalten, die Du Dir selbst in dem Namen Jesus Christus vergibst. Ich weiß, dies ist eine gewagte Aussage. Aber sie ist wahr.

7. Rette Dich bei Gott!

Gott ist nicht Dein Feind, Er ist Dein Freund. Du gehörst zu seiner Familie, Er ist Dein Vater, Jesus ist Dein Bruder. – Er ist der Erstgeborene vieler Brüder (Römer 8,29). Wenn die Selbstvorwürfe in Deinen Gedanken unerträglich sind, dann rette Dich bei Gott! Dann sprich mit Ihm: „Himmlischer Vater, die Selbstvorwürfe sind so groß in mir und ich möchte frei werden davon. Ich weiß, Du hast mir vergeben. Ich weiß, du siehst, ich will mein Bestes tun. Und selbst wenn ich wieder versagt habe, ich rette mich bei Dir!" – Frag doch den Heiligen Geist, was Er von Dir denkt! Frag Ihn, wie Er Dich sieht. Du wirst Dich über Seine Antwort wundern. Rette Dich bei Gott!

—∿∿—

❧ 11 ☙

"VERGIB DIR!"

Es ist so wichtig, dass Du diese Vergebung für Dich selbst empfängst. Es ist so wichtig, dass Du Dir selbst vergibst!

Keine Person ist gelähmter, als die Person, die unter ständiger Anklage sich selbst gegenüber steht.

Gott möchte keinen gelähmten Leib Christi haben, Er möchte einen gesunden Leib. Halte Dich fern von jedem religiösen Umfeld, das Dir die Selbstanklage predigt.

Halte Dich fern von jedem religiösen Umfeld, das Dir Demut unter dem Mantel der Selbstanklage zu verkaufen versucht. Demut bedeutet: „Ich sehe mich so, wie Gott mich sieht."

Demut bedeutet: „Ich tue, was Gott gesagt hat, auch wenn ich mich nicht danach fühle." Demut bedeutet: „Ich handle nach dem Wort Gottes." Demut bedeutet aber niemals: „Ich klage mich selbst an."

Verzeih Dir selbst. Vergib Dir selbst für all die peinlichen Situationen.

Ich verrate Dir ein Geheimnis: *Es ist oftmals Dein Festhalten an der peinlichen Situation, die diese Situation in den Köpfen anderer am Leben hält.* Dein Selbstvorwurf ist die Energie, an der sich die Situation in den Köpfen anderer am Leben hält!

Viele haben überhaupt kein Problem damit, anderen zu vergeben. Aber sie haben große Probleme damit, sich selbst zu vergeben.

Vergib Dir selbst.

Sprich mir nach:

"In dem Namen Jesus Christus vergebe ich mir selbst. Ich bin frei! Ich verstehe, Gott will mich nicht anklagen! Ich verstehe, der Heilige Geist überführt mich niemals von einer Sünde, um mich zu quälen, sondern um mich zu befreien!"

∽ **12** ∾

"WAGE EINEN NEUEN ANFANG MIT DIR SELBST!"

Es ist solch eine Freiheit in Christus. Gott möchte wunderbare, große, gewaltige Dinge durch Dich tun.

– Er hat einen großen Plan für Dein Leben. Er möchte Dir eine goldene Zukunft schenken. Deshalb sehnt Er sich danach, die Lähmung, die Last, von Deinem Leben zu nehmen.

Wage diesen neuen Anfang mit Dir selbst.

Es gibt Verfehlungen, für die Du Gott zwar um Vergebung gebeten hast und in Deinem Herzen weißt, Er hat Dir vergeben... aber Du hast Dir selbst nicht vergeben.

Wage diesen neuen Anfang mit Dir selbst. Vergib Dir!

Möge der Heilige Geist Dir die Bereiche Deines Lebens aufzeigen, in denen Du Dir selbst noch vergeben musst.

Bitte Ihn darum, Dir jeden Bereich zu zeigen, in dem Du Dich selbst unter Anklage gestellt hast. Nimm Dir Zeit dafür.

Erlaube Ihm, Dir diese Bereiche bewusst zu machen.

Ich möchte, dass Du über jede Situation – und war sie noch so peinlich – aussprichst:

„Ich vergebe mir jetzt! Gott hat mir schon längst vergeben. Jetzt aber vergebe ich mir auch selbst!"

… Du wirst sehen, wie dieser einfache Prozess enorme Freiheit in Dir auslöst!

Selbstanklage Suizid auf Raten.

Andreas Hübner

43

Selbstanklage Suizid auf Raten.   Andreas Hübner

ÜBER DEN AUTOR

Andreas Hübner, verheiratet seit 1989, Vater von sechs Kindern … seit mehr als 25 Jahren im Dienst …

Andreas Hübner hat weltweit auf vielen Konferenzen Menschen motiviert, Großes in ihrem Leben zu erreichen und die Größe zu erkennen, die in ihnen steckt. Andreas Hübner ist nicht religiös, sondern glaubt an die Stärke Gottes in jedem Menschen, der diese erkennt und sich eins mit dem Schöpfer macht: "Christus in Dir, Deine Stärke!" – Jesus Christus: „Der Weg, die Wahrheit, das Leben!"

Andreas Hübner verkündigt kompromisslos Gottes Wort. Dies bedeutet mehr als nur die Errettung von Sünde. Es bedeutet auch absoluten Wohlstand, Friede, überfließende Freude, Liebe und Gesundheit!

Kaum ein Mann Gottes predigt so freimütig über den finanziellen Segen Gottes, wie Andreas Hübner: „Es ist unmöglich, sich zum Teil dieses Dienstes zu machen und arm zu bleiben!"

Insbesondere in Ländern der sogenannten Dritten Welt wurde Andreas Hübner immer wieder von Regierungsoberhäuptern und hochrangigen Politikern um Rat gebeten.

Andreas Hübner sehnt sich danach, Menschen zu ermutigen, die Weisheit Gottes zu suchen: „Gottes Antwort auf Dein Gebet ist oftmals ein Mentor, den Er in Dein Leben schickt. Wirst Du Deinen Mentor erkennen?"

Was andere über Andreas Hübner schreiben:

Charisma Magazine, Lake Mary, Florida, USA: "Deutscher Evangelist bringt Pakistanis das Evangelium – Eine Reihe von Open-Air Veranstaltungen in Pakistan im September führten Tausende zum Glauben ..."

Dr. Mike Murdock, Fort Worth, Texas, USA: "Deine seltene Gabe... unerschütterliche Loyalität und Freundschaft... hat einen klaren, deutlich erkennbaren Unterschied in meinem Leben gemacht und im Leben derer, die Deinen Dienst im Wisdom Center empfangen haben. Natürlich reichen Worte niemals aus, um das Wirken Gottes durch Dich angemessen zu beschreiben. ..."

Besuche Andreas Hübner im Internet:
www.deindurchbruch.tv

oder schreibe ihm:

**Andreas Hübner
Postfach 11 62
27341 Rotenburg
Deutschland**

Selbstanklage Suizid auf Raten.

47

Andreas Hübner

Andreas Hübner

48

MEINE NOTIZEN